COMITÉ DE PATRONAGE

DES

PONTS A TRANSBORDEURS DE BORDEAUX

(Système ARNODIN)

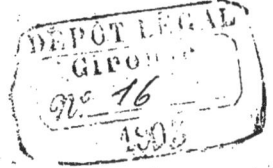

AVANT-PROJETS

DE

CONVENTION DE RÉTROCESSION

DU

TRANSBORDEUR-RICHELIEU

ET DU

TRANSBORDEUR-MÉDOC

Décembre 1902

TRIPLE RÉSOLUTION

votée par le Conseil municipal, le 24 mars 1902.

« Le Conseil municipal, convaincu de l'utilité de faire
» communiquer les deux rives du fleuve, décide de
» demander à l'Etat, dans le plus bref délai possible, la
» concession d'un ou plusieurs ponts à transbordeur. »

« Le Conseil donne, en outre, un avis favorable à
» la construction d'un premier pont à transbordeur
» au droit de la place Richelieu, à la condition que la
» concession en soit accordée à la Ville de Bordeaux,
» avec faculté de rétrocession sans garantie d'intérêts
» ou subvention. L'ouvrage devra être disposé de façon
» à permettre l'installation de deux ou plusieurs na-
» celles. »

« Le Conseil municipal se déclare en outre favorable
» à la construction d'un deuxième pont à transbordeur
» au droit du cours du Médoc, aussi à la condition que
» la concession en soit accordée à la Ville de Bordeaux,
» avec faculté de rétrocession. »

TRANSBORDEUR-RICHELIEU

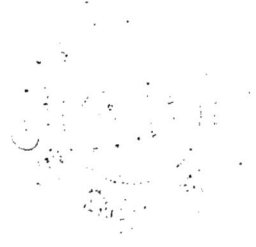

TRANSBORDEUR - RICHELIEU

—

Délégation du Comité de patronage

A M. ARNODIN

Le 5 décembre 1902, les membres du Comité de patronage réunis, sur convocation régulière, chez le président,
1, rue de Condé, ont délégué tous pouvoirs à leur collègue,
M. Ferdinand Arnodin, à l'effet de traiter en leur nom,
avec la Ville de Bordeaux, pour la rétrocession au Comité
de la concession par l'État à la dite ville d'un pont à
transbordeur au droit de la place **Richelieu.**

Certifié, au nom du Comité, par le président et le
secrétaire général.

Le Secrétaire genéral,   *Le Président,*

   D.-G. MESTREZAT.   CHARLES CAZALET.

TRANSBORDEUR-RICHELIEU

Établissement d'un Pont à Transbordeur sur la Garonne, à Bordeaux, au droit de la place Richelieu.

AVANT-PROJET

DE

CONVENTION DE RÉTROCESSION

Entre les soussignés :

M. Louis Lande, officier de la Légion d'honneur, maire de la ville de Bordeaux, agissant en cette qualité et en vertu des délibérations du Conseil municipal en date des 24 mars 1902 et

D'une part;

Et M. Ferdinand Arnodin, chevalier de la Légion d'honneur, ingénieur-constructeur, demeurant à Châteauneuf-sur-Loire (Loiret),

Agissant en son nom personnel et sous l'inspiration du Comité de patronage du Pont à Transbordeur de Bordeaux, constitué sous la présidence de

M. Charles Cazalet, officier de la Légion d'honneur, ancien adjoint au maire de Bordeaux, et composé de :

M. Adrien Bayssellance, officier de la Légion d'honneur, ancien maire de Bordeaux, ingénieur en chef de la Marine en retraite, vice-président;

*

M. Emile Faugère, chevalier de la Légion d'honneur, ingénieur, concessionnaire de chemins de fer et des tramways de Bordeaux à Cadillac, vice-président;

M. D.-G. Mestrezat, négociant, administrateur de la Banque de France, secrétaire général;

M. Gustave Chapon, imprimeur, secrétaire;

M. Ernest Cahen, ancien adjoint au maire de Bordeaux, trésorier;

MM. Benjamin Cazalet, négociant; L. Hounau, chevalier de la Légion d'honneur, négociant; F. Dubosc, chevalier de la Légion d'honneur, ancien adjoint au maire de Bordeaux; Abel Jay, chevalier de la Légion d'honneur, directeur de la Cie d'assurance *l'Urbaine;* Léon Lesca, chevalier de la Légion d'honneur, ancien conseiller général de la Gironde; Lévy Cahen, négociant; Charles de Luze, négociant; Albert Touzin, architecte, et Ferdinand Arnodin, chevalier de la Légion d'honneur, ingénieur-constructeur,

D'autre part,

Il a été exposé, convenu et arrêté ce qui suit:

Article premier. — La ville de Bordeaux s'engage à demander immédiatement à l'Etat la concession d'un pont à transbordeur, à plusieurs nacelles, à construire sur la Garonne à Bordeaux, au droit de la place Richelieu, et cela aux conditions d'un cahier des charges dont le projet est annexé au présent traité.

La Ville s'engage dès aujourd'hui à rétrocéder à M. Arnodin la concession telle qu'elle l'obtiendra de l'Etat, et cela pour la durée totale, qui sera fixée au cahier des charges définitif.

Art. 2. — M. Arnodin s'engage à retirer la demande de concession qu'il a formulée à la date du 12 février 1901 pour le même objet, et accepte la rétrocession ci-dessus énoncée.

Il s'engage, en outre, avant de procéder à aucune mesure d'exécution et, en tout cas, dans un délai maximum de six mois à dater de la notification du décret de concession, à constituer, avec le concours du Comité de patronage, une Société anonyme qui lui sera substituée comme rétrocessionnaire pour l'établissement et l'exploitation du pont à transbordeur dont il s'agit. Elle deviendra à son lieu et place responsable de tous les engagements qu'il aura pris vis-à-vis de la Ville.

Cette substitution devra être approuvée par un décret délibéré en Conseil d'Etat.

La présente convention deviendra, d'ailleurs, nulle et de nul effet :

1° Si la concession sollicitée n'est pas accordée à la Ville dans un délai de deux ans;

2° Si la constitution définitive de la Société n'est pas réalisée par M. Arnodin dans le délai prescrit ci-dessus.

Art. 3. — a) La Société sera constituée pour une durée égale à celle de la concession.

b) Les statuts seront conformes au projet ci-joint; des modifications pourront être apportées aux statuts définitifs avec approbation de la Ville, sous réserve de l'approbation par l'Administration supérieure.

c) La Société prendra le nom de *Société anonyme des Ponts à Transbordeur de Bordeaux* (système Arnodin).

d) Elle aura un capital minimum de quatre millions de francs, à verser effectivement ,sans qu'il puisse y avoir, sous aucune forme, des actions libérées ou à libérer autrement qu'en argent.

Le rétrocessionnaire et les fondateurs de la Société n'auront droit qu'au remboursement de leurs avances, dont le compte, appuyé des pièces justificatives, aura été accepté par l'Assemblée générale des Actionnaires.

e) Il est interdit à la Société d'engager son capital directement ou indirectement dans une opération autre que la construction ou l'exploitation de transbordeurs sans y être préalablement autorisée par un décret rendu en Conseil d'Etat.

f) La Société aura son siège à Bordeaux.

Art. 4. — La Société sera subrogée à la Ville de Bordeaux pour toutes les charges, obligations et avantages résultant du cahier des charges tel qu'il sera approuvé par l'Administration supérieure.

Art. 5. — *a)* La Société fournira les éléments de décompte du capital de premier établissement dans la forme et dans les délais qui seront indiqués par la Ville.

Il est dès aujourd'hui stipulé qu'on y comprendra les sommes nécessaires pour fournir un revenu de 3 1/2 % au capital effectivement versé, et cela jusqu'à la date de la mise en service de l'ouvrage;

b) Le Maire, sur le vu des décomptes produits, et le rétrocessionnaire entendu, arrêtera la valeur du capital;

c) Pourra être à toute époque ajouté au capital de premier établissement le montant des travaux de parachèvement ou de transformation dont les projets et l'évaluation auront été, sur la présentation de la Société rétrocessionnaire, approuvés par la Ville et par l'Administration supérieure.

Art. 6. — *a)* La Société produira, dans le premier trimestre de chaque année, le compte détaillé des recettes et des dépenses, qui seront valablement inscrites aux comptes d'exploitation.

b) Le Maire, sur le vu des décomptes produits et le rétrocessionnaire entendu, arrêtera la valeur du bénéfice brut.

Art. 7. — Les droits d'octroi seront payés pendant la période de construction (c'est-à-dire précédant l'épreuve avant mise en service prescrite par le cahier des charges), aux tarifs existant au moment de la signature du traité, et cela même si ce tarif venait a être modifié. Les droits d'octroi après la période de construction ne seront payés que conformément à la règle commune.

Art. 8. — Les Administrateurs, le Directeur et tout

le personnel employé à la construction ou à l'exploitation du transbordeur seront de nationalité française.

Tous les engins ou matériaux, etc., nécessaires à la construction du pont à transbordeur ou à son exploitation seront de fabrication française.

Art. 9. — La Société ne pourra exiger de ses ouvriers et employés plus de dix heures de travail effectif par vingt-quatre heures.

Elle demeurera directement et complètement responsable, conformément à la loi du 9 avril 1898, des accidents survenus à son personnel pendant le service et à l'occasion de ce service.

Chaque ouvrier ou employé aura droit à un repos d'une journée avec demi-solde après soixante heures de travail effectif.

Le minimum des salaires est fixé à 4 francs pour les receveurs et contrôleurs et à 5 francs pour les wattmen et les mécaniciens.

La Société versera annuellement, au nom de chaque agent, à la Caisse nationale de retraites pour la vieillesse, 15 % du montant du salaire de chacun de ses ouvriers et employés.

Ce versement sera composé :

1° D'une retenue de 5 %, prélevée sur les salaires mensuels de chaque agent;

2° D'une contribution de 10 % à la charge de la Société.

Art. 10. — A partir de la seizième année de la mise en exploitation, la Ville aura le droit de racheter la concession aux mêmes conditions que celles qui sont stipulées pour l'Etat à l'article 38 du cahier des charges, sous réserve des droits de l'Etat, à quelque époque que ce soit.

Art. 11. — L'exploitation sera faite par la Société rétrocessionnaire à ses risques et périls, quelles que soient les recettes.

La Société prélèvera pour chaque exercice, sur les recettes brutes, le montant des sommes réellement dépensées et dûment justifiées pour l'exploitation. Ces dépenses comprendront des prélèvements destinés à former un fonds de réserve sur lequel seront imputées, avec l'autorisation du Maire ou sur l'ordre du Ministre des Travaux publics, les dépenses à provenir des opérations à périodes espacées pour le gros entretien, ainsi que des grosses réparations stipulées par le cahier des charges.

Art. 12. — Les prélèvements dont il est question ci-dessus seront de   % de la recette brute·

Les sommes affectées au fonds de réserve seront versées chaque année par la Société dans une caisse agréée par la Ville; les revenus capitalisés seront affectés au fonds de réserve lui-même.

Le fonds de réserve cessera de recevoir des prélèvements annuels quand il atteindra le chiffre de [1].

Les prélèvements annuels seront effectués de nouveau, dans la mesure nécessaire pour ramener le fonds de réserve à la somme de   , quand il aura été entamé ou absorbé par les dépenses auxquelles il doit subvenir.

Si la concession prend fin pour quelque cause que ce soit, l'excédent disponible du fonds de réserve servira d'abord à amortir le compte d'insuffisance dont il sera question ci-après, s'il ne l'est pas déjà, puis le reliquat sera partagé par moitié entre la Ville et la Société.

Art. 13. — Lorsque le bénéfice brut (différence entre les recettes et les dépenses portées au compte suivant l'art. 6, § a) sera inférieur à 5,103 % du capital de premier établissement arrêté conformément à l'article 5, § b, les insuffisances seront portées à un compte d'attente, qui sera amorti sans intérêt par des prélèvements

1. Ce chiffre doit être égal à la plus forte dépense prévue pour une éparation importante, changement complet des câbles par exemple.

opérés sur les excédents de recettes des années suivantes. La Société ne pourra rien réclamer à la Ville si le compte d'attente n'est pas complètement amorti à la fin de la concession.

Art. 14. — Lorsque le bénéfice brut, après les prélèvements éventuels au profit du compte d'insuffisances, sera supérieur à 5,103 % du capital de premier établissement, le surplus sera partagé par moitié entre la Ville et la Société.

Art. 15. — La Société se réserve le droit de créer des ressources accessoires (ascensions dans les pylônes, réclames, etc.), et ces recettes seront versées dans les produits de l'exploitation.

Art. 16. — Les frais d'impression et d'expédition à trois cents exemplaires de toutes les pièces relatives à la rétrocession, d'un atlas de tous les plans conformes à l'exécution des ouvrages sur toile ou papier fort en triple expédition pour la Ville, seront supportés par la Société, ainsi que les frais de timbre et d'enregistrement.

TRANSBORDEUR-MÉDOC

TRANSBORDEUR-MÉDOC

Délégation du Comité de patronage

A M. ARNODIN

Le 5 décembre 1902, les membres du Comité de patronage réunis, sur convocation régulière, chez le président, 1, rue de Condé, ont délégué tous pouvoirs à leur collègue, M. Ferdinand Arnodin, à l'effet de traiter en leur nom, avec la Ville de Bordeaux, pour la rétrocession au Comité de la concession par l'État à la dite ville d'un pont à transbordeur au droit du **cours du Médoc**.

Certifié, au nom du Comité, par le président et le secrétaire général.

Le Secrétaire général,
D.-G. MESTREZAT.

Le Président,
CHARLES CAZALET.

TRANSBORDEUR-MÉDOC

Etablissement d'un Pont à Transbordeur
sur la Garonne, à Bordeaux,
au droit du cours du Médoc.

AVANT-PROJET

DE

CONVENTION DE RÉTROCESSION

Entre les soussignés :

M. Louis Lande, officier de la Légion d'honneur, maire de la ville de Bordeaux, agissant en cette qualité et en vertu des délibérations du Conseil municipal en date des 24 mars 1902 et

D'une part;

Et M. Ferdinand Arnodin, chevalier de la Légion d'honneur, ingénieur-constructeur, demeurant à Châteauneuf-sur-Loire (Loiret),

Agissant en son nom personnel et sous l'inspiration du Comité de patronage du Pont à Transbordeur de Bordeaux, constitué sous la présidence de

M. Charles Cazalet, officier de la Légion d'honneur, ancien adjoint au maire de Bordeaux, et composé de :

M. Adrien Bayssellance, officier de la Légion d'honneur, ancien maire de Bordeaux, ingénieur en chef de la Marine en retraite, vice-président;

M. Emile Faugère, chevalier de la Légion d'honneur, ingénieur, concessionnaire de chemins de fer et des tramways de Bordeaux à Cadillac, vice-président;

M. D.-G. Mestrezat, négociant, administrateur de la Banque de France, secrétaire général;

M. Gustave Chapon, imprimeur, secrétaire;

M. Ernest Cahen, ancien adjoint au maire de Bordeaux, trésorier;

MM. Benjamin Cazalet, négociant; L. Hounau, chevalier de la Légion d'honneur, négociant; F. Dubosc, chevalier de la Légion d'honneur, ancien adjoint au maire de Bordeaux; Abel Jay, chevalier de la Légion d'honneur, directeur de la Cie d'assurances *l'Urbaine;* Léon Lesca, chevalier de la Légion d'honneur, ancien conseiller général de la Gironde; Lévy Cahen, négociant; Charles de Luze, négociant; Albert Touzin, architecte, et Ferdinand Arnodin, chevalier de la Légion d'honneur, ingénieur-constructeur;

D'autre part;

Il a été exposé, convenu et arrêté ce qui suit :

Article premier. — La Ville s'engage à demander à l'Etat la concession d'un pont à transbordeur à une ou plusieurs nacelles à construire sur la Garonne à Bordeaux, en face le cours du Médoc, et cela aux conditions stipulées dans le cahier des charges qui sera définitivement adopté pour le premier transbordeur de la place Richelieu.

La Ville s'engage, dès aujourd'hui, à rétrocéder à M. Arnodin la concession telle qu'elle l'obtiendra de l'Etat, et cela pour la durée totale qui sera fixée au cahier des charges à intervenir.

Art. 2. — M. Arnodin accepte la rétrocession; il s'engage, en outre, à faire le nécessaire pour que, avant qu'il soit procédé à aucune mesure d'exécution, et, en tout cas, dans le délai maximum de six mois à dater de la promulgation du décret de concession, il ait, avec le concours du Comité de patronage, réalisé la substitution à lui-même de la Société anonyme des Ponts à Transbordeurs de Bordeaux, système Arnodin, société qu'il s'est déjà, par convention en date de ce jour, obligé à constituer en vue de l'établissement et de l'exploitation du premier pont à transbordeur Richelieu. Cette Société deviendra responsable à son lieu et place de tous les engagements qu'il aura contractés avec la Ville.

La substitution devra, d'ailleurs, être autorisée par un décret délibéré en Conseil d'Etat.

La présente convention deviendra nulle et de nul effet si la Ville de Bordeaux n'a pas obtenu le décret de concession dans un délai de quatre ans ou si la Société n'a pas été constituée par M. Arnodin dans le délai prescrit.

Art. 3. — La durée de la Société des Ponts à Transbordeurs, système Arnodin, sera prorogée, et le capital sera augmenté dans la mesure et dans la forme nécessaires pour que cette Société puisse fonctionner jusqu'à l'expiration de la concession, et pour qu'elle puisse faire face à l'établissement de ce deuxième ouvrage.

Les statuts seront à ce moment modifiés, s'il y a lieu, avec réserve de l'approbation des modifications par la Ville et par l'Administration supérieure.

Il continuera à être interdit à la Société d'engager son capital directement ou indirectement dans une opération autre que la construction ou l'exploitation des transbordeurs à elle rétrocédés sans y être préalablement autorisée par un décret rendu en Conseil d'Etat.

La Société aura son siège à Bordeaux.

Art. 4. — La Société sera subrogée à la Ville de Bordeaux pour toutes les charges, obligations et avantages résultant du cahier des charges tel qu'il sera approuvé par l'Administration supérieure.

Art. 5. — a) La Société fournira les éléments de décompte du capital de premier établissement dans la forme et dans les délais qui seront indiqués par la Ville.

Il est dès aujourd'hui stipulé qu'on y comprendra les sommes nécessaires pour fournir un revenu de 3 1/2 % au capital effectivement versé, et cela jusqu'à la date de la mise en service de l'ouvrage.

b) Le Maire, sur le vu des décomptes produits et le rétrocessionnaire entendu, arrêtera la valeur du capital;

c) Pourra être à toute époque ajouté au capital de premier établissement le montant des travaux de parachèvement ou de transformation dont les projets et l'évaluation auront été, sur la présentation de la Société rétrocessionnaire, approuvés par la Ville et par l'Administration supérieure.

Art. 6. — a) La Société produira, dans le premier trimestre de chaque année, le compte détaillé des recettes et des dépenses qui seront valablement inscrites aux comptes d'exploitation;

b) Le Maire, sur le vu des décomptes produits et le rétrocessionnaire entendu, arrêtera la valeur du bénéfice brut.

Art. 7. — Les droits d'octroi seront payés pendant la période de construction (c'est-à-dire précédant l'épreuve avant mise en service prescrite par le cahier des charges, aux tarifs existant au moment de la signature du traité, et cela même ci ce tarif venait à être modifié. Les droits d'octroi après la période de construction ne seront payés que conformément à la règle commune.

Art. 8. — Les Administrateurs, le Directeur et tout le personnel employé à la construction ou à l'exploitation du transbordeur seront de nationalité française·

Tous les engins ou matériaux, etc., nécessaires à la construction du pont à transbordeur ou à son exploitation seront de fabrication française.

Art. 9. — La Société ne pourra exiger de ses ouvriers et employés plus de dix heures de travail effectif par vingt-quatre heures.

Elle demeurera directement et complètement responsable, conformément à la loi du 9 avril 1898, des accidents survenus à son personnel pendant le service et à l'occasion de ce service.

Chaque ouvrier ou employé aura droit à un repos d'une journée avec demi-solde après soixante heures de travail effectif.

Le minimum des salaires est fixé à 4 francs pour les receveurs et contrôleurs et 5 francs pour les wattmen et les mécaniciens.

La Société versera annuellement, au nom de chaque agent, à la Caisse nationale de retraites pour la vieillesse, 15 % du montant du salaire de chacun de ses ouvriers et employés.

Ce versement sera composé :

1° D'une retenue de 5 %, prélevée sur les salaires mensuels de chaque agent;

2° D'une contribution de 10 % à la charge de la Société.

Art. 10. — A partir de la seizième année de la mise en exploitation, la Ville aura le droit de racheter la concession aux mêmes conditions que celles qui sont stipulées pour l'Etat à l'article 38 du cahier des charges; sous réserve des droits de l'Etat, à quelque époque que ce soit; mais ce droit de rachat de la Ville ne pourra s'exercer que simultanément sur les deux ponts à moins d'un accord avec la Société.

Art. 11. — La Ville garantit l'intérêt du capital engagé pour frais de premier établissement, généralement quelconques, à raison de 3,7385 %, représentant l'intérêt à 3 1/2 % de ce capital et son amortissement en quatrevingts ans.

Art. 12. — La Société prélèvera pour chaque exercice, sur les recettes brutes, le montant des sommes réellement dépensées et dûment justifiées pour l'exploitation. Ces dépenses comprendront un prélèvement destiné à former un fonds de réserve sur lequel seront imputées, avec l'autorisation du Maire ou sur l'ordre du Ministre des Travaux publics, les dépenses à provenir des opérations à longue période pour le gros entretien, et celles des grosses réparations stipulées par le cahier des charges.

Art. 13. — Les prélèvements dont il est question ci-dessus seront de   % de la recette brute.

Les sommes affectées au fonds de réserve seront versées chaque année par la Société dans une caisse agréée par la Ville; les revenus capitalisés seront affectés au fonds de réserve lui-même.

Le fonds de réserve cessera de recevoir des prélèvements annuels quand il atteindra le chiffre de [1]

Les prélèvements annuels seront effectués de nouveau dans la mesure nécessaire pour ramener le fonds de réserve à la somme de   quand il aura été entamé ou absorbé par les dépenses auxquelles il doit subvenir.

Si la concession prend fin pour quelque cause que ce soit, l'excédent disponible du fonds de réserve servira d'abord à amortir le compte d'insuffisance, dont il sera question ci-après, s'il ne l'est pas déjà, puis le reliquat sera partagé par moitié entre la Ville et la Société.

Art. 14. — Lorsque le bénéfice brut d'une année (différence entre les recettes et les dépenses portées en compte suivant l'art. 6, § a) sera inférieur à 3,7385 % du capital de premier établissement arrêté conformément à l'article 5, § b, la Ville de Bordeaux versera à la Société les sommes nécessaires pour élever jusque-là le produit de l'année.

Les sommes versées par la Ville seront inscrites à un compte spécial d'avances et ne porteront pas intérêt.

Art. 15. — Lorsque le bénéfice brut d'une année sera

1. Ce chiffre doit être égal à la plus forte dépense prévue pour une réparation importante, changement complet des câbles par exemple.

supérieur à 3,3785 % du capital de premier établissement, si le compte d'avances de la Ville n'est pas amorti, le surplus du bénéfice brut sera entièrement employé à amortir les avances de la Ville.

Art· 16. — Lorsque le bénéfice brut pour une année sera supérieur à 3,7385 % du capital de premier établissement, le compte des avances de la Ville étant amorti, le bénéfice brut réalisé sur l'exploitation du Pont à Transbordeur-Médoc sera cumulé avec celui réalisé la même année sur l'exploitation du Transbordeur-Richelieu.

Si le total de ces bénéfices est inférieur à 5,103 % du total des deux capitaux de premier établissement, les insuffisances seront portées à un compte d'attente qui sera amorti sans intérêt par des prélèvements opérés sur les excédents de recettes des années suivantes. La Société ne pourra rien réclamer à la Ville si le compte n'est pas complètement amorti à la fin de la concession.

Art. 17. — Si le total de ces bénéfices bruts, après déduction éventuelle des prélèvements au profit du compte d'insuffisances, est supérieur à 5,103 % du compte de premier établissemsent, le surplus sera partagé par moitié entre la Ville et la Société.

Art. 18. — Le compte des insuffisances pour l'ensemble des deux transbordeurs ouvert d'après les articles précédents à une époque quelconque se cumulera, d'ailleurs, avec le compte d'insuffisances prévu spécialement pour le Transbordeur-Richelieu, et le total, arrêté chaque année pour ce compte unique, restera acquis, même si, dans les années suivantes, la garantie d'intérêts donnée par la Ville revenait à jouer et interdisait (articles 14 et 15) de faire entrer dans le compte d'insuffisance les résultats du Transbordeur-Médoc.

L'augmentation ou l'amortissement de ce compte résulterait alors, pour ces années, uniquement des résultats du Transbordeur-Richelieu.

Art. 19. — La Ville s'engage à fournir gratuitement à la Société l'emplacement des points d'attache nécessaires pour l'amarrage des câbles sur l'une et l'autre rive.

Art. 20. — La Société se réserve le droit de créer des ressources accessoires (ascensions dans les pylônes, réclames, etc.), et ces recettes seront versées dans les produits de l'exploitation.

Art. 21. — Les frais d'impression et d'expédition à 300 exemplaires de toutes les pièces relatives à la rétrocession, d'un atlas de tous les plans conformes à l'exécution des ouvrages sur toile ou papier fort, en triple expédition, pour la Ville, seront supportés par la Société, ainsi que les frais de timbre et d'enregistrement.

Bordeaux. — Impr. G. Gounouilhou, rue Guiraude, 9-11.

FONDATION DU COMITÉ DE PATRONAGE
Le 22 juin 1897

A la suite d'une réunion tenue le 22 juin 1897, salle Lurbe, rue du Pont-de-la-Mousque, n° 36, les soussignés se sont constitués en Comité de patronage en vue de la réalisation du projet par eux poursuivi depuis plusieurs années déjà en vue de doter la ville de Bordeaux de moyens de communication entre les deux rives de la Garonne, pour la création de Ponts à transbordeur, système Arnodin.

Le Bureau du Comité de patronage a été ainsi constitué :

MM. Charles CAZALET, promoteur du projet, *président ;*
    Adrien BAYSSELLANCE, *vice-président ;*
    Émile FAUGÈRE, *vice-président ;*
    D.-G. MESTREZAT, *secrétaire général ;*
    Gustave CHAPON, *secrétaire ;*
    Ernest CAHEN, *trésorier.*

Le Comité a donné à son Président toute autorisation pour le convoquer toutes les fois que besoin serait et prendre l'initiative de tous pourparlers et démarches ayant pour but de hâter la réalisation du projet poursuivi.

Les soussignés, animés par la même foi et le même souci du bien public, déclarent se solidariser quant aux mesures à prendre et aux conséquences qui en résulteront pour tout ce qui concerne leurs efforts en vue de la réalisation de leur projet.

Ont signé : MM. Charles Cazalet, Adrien Bayssellance, Émile Faugère, D.-G. Mestrezat, Gustave Chapon, Ernest Cahen, Benjamin Cazalet, Louis Hounau, Firmin Dubosc, Abel Jay, Léon Lesca, Lévy, Charles de Luze, Albert Touzin, Ferdinand Arnodin.

COMMISSION JURIDIQUE

MM. Georges FORSANS, Avocat ;
    F. CHAMBARIÈRE, Notaire ;
    MIMOSO, Avoué.